Mes vies en poésies

Trois saisons

Christophe Bouillevart

Édition : BoD – Books on Demand
, 12/14 rond-point des Champs-Élysées, 75008 Paris.
Impression : BoD - Books on Demand, Norderstedt, Allemagne

ISBN : 9782322103355
Dépôt légal : Février 2018

A ma famille, mes amis

Rire souvent et beaucoup ; gagner le respect des gens intelligents et l'affection des enfants ; savoir qu'un être a respiré plus aisément parce que vous avez vécu. C'est cela réussir sa vie.

Ralph Waldo Emerson

Sommaire

Introduction

Ce premier opus de la série « Mes vies en poésies » est très personnel. Il traite de sujets qui me tiennent à cœur, de ces choses insignifiantes, ou au contraire profondes, la douceur de la vie, l'absence, l'amour, le temps qui passe, ces petits instants qui me rendent heureux ou parfois me rendent triste.

J'y ai mis ce que je suis, ce que j'ai été et peut être les prémices de ce que je serai.

La vie est belle, parfois taquine mais toujours au rendez-vous.

Tantôt joyeux, tantôt mélancoliques, drôles parfois, ou énigmatiques, mes écrits sont ce que je suis, entier.

Je les ai écrit comme autant de polaroïds, témoins de mon passé, voyeurs de mon présent et une fenêtre ouverte sur mon avenir.

Prenez-les sans ordre, sans lien, comme bon vous semble, comme ces œuvres modernes que l'on regarde avec sa propre approche, son œil, ses références. Empruntez-y vos différences.

Laissez-vous emporter par la musicalité des mots, les couleurs verbales de ces trois saisons poétiques.

Préface

Il est des âmes sœurs et complices, des âmes voyageuses qui parcourent avec vous le chemin de l'existence. Parfois bien espiègles, elles se déguisent en arbre, en fleur, un brin d'herbe, en insecte, en courant d'air... et vous ne savez même pas que vous marchez sur la même route. J'ai cheminé avec celle de Christophe Bouillevart. Et voilà qu'aujourd'hui, à une intersection, après m'être égaré par des chemins de traverses, je le rencontre de nouveau au travers de ses poèmes.

Ce sont de petits morceaux de vie que je connais aussi, travestis par pudeur ou par amour des mots ; par le jeu de l'écriture. Poésies facétieuses qui s'amusent des sonorités, des couleurs, de la complexité de la langue française, tout en disant les choses simples, celles d'une vie quelconque et pourtant merveilleuse.

ADNET Renaud

Hercule et Sisyphe

L'aube se lève sur mes espérances

Journée riche d'aventures

Chasse aux trésors perdus

Enrichi et plein d'Allan

L'espoir d'un jour rempli

Quotidien différent

Se meurt sur les routes

De mes illusions matinales

Mes douze travaux à venir

Sont comme autant de guerres à mener

Contre un moi perdu

Dans les arcanes des motives

L'éternelle ritournelle de cette gymnastique

Lancine les heures interminables

Et sans cesse à revenir

D'un crépuscule sans fin

J'aperçois

Les noisetiers se balancent

Dans le vent d'hiver

Sous un ciel gris et bas

Le saule le rejoint dans cette dance

Qui berce qui ?

Ils se détachent dans les lueurs du soir

Au lointain les lumières scintillent

Par devant la forêt

Tout est calme, tout est apaisant

Atrée et Philoctète

Dans les plaines plates et arides

Je marchais l'âme légère et le sac lourd

Sans but, le pas intrépide

Et l'esprit sans retour

Les démons du passé

Ivres et repus

Des repas d'Atrée

Ce sont tus

Fils de Philoctète

De combats contre soi même

Se trouver face à face, tête à tête

Et gagner pour revenir bohême

La colère n'est plus, adieu

Apaisé et affamé

Au banquet des dieux

Je suis invité

Hiver

Elle est venue un matin
La neige blanche
Engourdissait la nature
La joie

Je la vois
Et mon âme s'emplie
De myriades d'étoiles
Lumières chaudes
D'un avenir heureux

Une sensation douce
Parfumée
Emplie mon corps
De frissons bienfaiteurs

Nous mêlons nos destins
En un pacte inébranlable
D'amour et de respect
La vie

Le chemin

La lueur du soir
Descendue du lointain,
M'enveloppe de sa douce moiteur.
Je l'accueille et
J'arpente le chemin.

Tu me rejoins,
Le feulement du vent
Dans les feuilles du jasmin,
T'interroge sur la vie et
Tu arpentes le chemin.

Nous nous blottissons,
L'un contre l'autre
Ta chaleur réchauffe mon cœur
Et mon âme frémie
Nous sommes ensemble sur le chemin.

Joli mois de juin

Par un joli jour de juin
Arrivée sans crier gare
Uranus, Jupiter et même
La lune, ont célébré
En une fête stellaire,
Non leur surprise, mais leur
Emerveillement.

Pourtant déjà belle
Abstraction métaphysique
Fragile et gourmande
Les myriades de petits moments
Insouciances de ma jeunesse
Ne pouvaient être plus
Evocateurs de mon bonheur

Et un jour...

Je l'entendis la première fois

Sur le pickup d'un été Canadien

Attiré par le feulement de son instrument roi

Qui pénétra en moi comme une flèche

Imbibée d'élixir aéolien

Quand, dans cette atmosphère planante

Il jeta une des briques de son mur

Dans la marre de mes certitudes musicales enfantes

Aussitôt je mis à bas Abba,

Et renvoyais Génésis à sa genèse obscure.

Je fis allégeance au maitre

Et pris les armes instrumentales

Je m'équipais au son des morceaux

De mes précieux acolytes aimables

Qui allaient faire mon bonheur

Poéximore

De ces nuits éclatantes
J'entends la musique du silence
Jouer ses soupirs
En quatre temps d'une valse
En Forte.

Mes songes emplissent
Mes pensées, vides
Et je suis seul.
Foule d'inconnus, muets
Braillards, saoulant
De leurs propos silencieux,
Je m'enfouis, m'enfuis
Sans oser bouger.

Demain, me reviennent
Les souvenirs oubliés
Encrés en moi
Comme autant de listes blanches.

Vieillir

Vieillir, qu'est-ce à tout prendre ?

Si ce n'est qu'être jeune depuis plus longtemps

Voir la vie avec les yeux tendres

Traverser les années en chantant

Vieillir c'est se blottir dans la vie

Savourer les câlins des soirées

Que chaque moment qui suit

Soit plus beau que ceux passés.

Vieillir enfin pas pour soi mais finir

Sa vie avec celle pour qui on tremble

Quoi de plus doux que de vieillir

Si c'est vieillir ensemble

Vie dans les marais

La brume envahit les marais

La vie diurne s'endort doucement

Les oiseaux se nichent serrés

A l'abri du froid et du vent

Les batraciens chanteurs

Envahissent de leur opéra

Le silence et les haleurs

A la recherche d'une proie

Soudain, un ragondin curieux

Sort de son logement souterrain

Et se glisse, nageur impérieux

Dans le soir paisible et serein

Tout est calme et plein de vie à la fois

Le marais s'endort et se réveille

Quand la vie est si belle malgré le froid

Je l'observe et je m'émerveille

Neko

Quand on s'est vu pour la première fois
Nos yeux pleins de méfiance
Je t'ai trouvé beau
Gracieux, de grande élégance.

Je t'ai donné du lait
Que tu as bu à mon détour
Puis tu as filé
J'attendais ton retour.

Tous les jours tu as quémandé
Puis je t'ai caressé
Tu t'es laissé faire
Curieux, fier.

Un jour, à force de rencontres
Tu es entré chez nous
Nous t'avons câliné
Depuis tu nous as adopté.

Rouge carmin

L'écho de mes souvenirs
Me reviennent en touffes
Et le rouge carmin de tes cheveux
Résonne encore en moi

Une volute à venir
Si vite le ciel s'encombre
Et les jours changent
Un avenir différent

Une absence, de l'oubli
Un regret, pas un remord
L'abandon
Malgré, je vis

Norman

Mille essaims de lucioles

Rouges et blanches alternées

Je les vois qui s'envolent

Mais elles restent bien feutrées

Boules, balles, billes

Pendues sur les précipices

Des espoirs garçons, filles

Cachés des flonflons

D'un automate habille.

Pic, Pique,

Fourrure verdâtre majestueuse

Elancée vers l'étoile

Au port pyramidal

Signe d'une saison heureuse

Dont chaque année on lève le voile.

Les amis

Ils pénètrent dans ta vie par effraction
Cambrioleurs d'âmes sœurs
Tu te laisses prendre sans faire attention
Ils sont déjà dans ton cœur.

Tu ne les connaissais pas
Et pourtant tu les attendais
Comme le bonheur, la joie
Qu'ils t'apportent à longueur d'année.

Famille de cœur
Toujours là pour toi
Frères, sœurs
Ils ne te déçoivent pas.

Je remercie la vie
Et la providence
De m'avoir donné des amis
Des amis d'enfance.

J'avais tant de choses à te dire

J'avais tant de choses à te dire
La beauté de la vie
Le vent dans les cheveux
Le froid d'hiver la nuit

J'avais tant de choses à te dire
Te parler des musiques
Qui t'enivrent et qui t'emportent
Des peintures aux frissons

J'avais tant de choses à te dire
Les enfants qui grandissent
Et chaque jour deviennent plus beaux
Et dire que ....
J'avais tant de choses à te dire

La guitare ensorcelée

Ma guitare est ensorcelée
Je l'ai découvert ces jours ci
Alors que je voulais jouer
Jeux interdits

Mi mineur, Si mineur, La mineur, Si
Mais qu'est-ce que ceci ?
L'écho de souvenir ?
Non, mes jeux permis à venir.

J'ai essayé de lutter
Téléphone ou les scarabées
Ont sonnés
Mille fois elle se défendait

Je ne me bats plus,
Elle a gagné
Je ne suis pas abattu
J'en suis enchanté

Je regarde le maître

Ses doigts sur le manche

Volent, virevoltent, dansent

J'essaie de le suivre à la lettre

Mais ma main

Si benoite, maladroite

Se perd au Firmin

De cette chorégraphie adroite

Tant pis, ersatz, à peu près

Ma guitare ensorcelée

M'a emmenée

Où je voulais aller.

La Palice a de la malice

La Palice a de la malice
Sous couvert d'évidence
Il nous tend le calice
De ses pensées pleines de sens.

Je me délecte de ses jeux de mots étiques
De ses palissades
Erigées sur notre logique
Dont la règle nous oblige à la reculade

Moqueries, vindictes, punitions
Je ne comprends pas les censeurs
Qui par leurs réactions
Nous privent de ces fleurs

Jolis verbes
Adjectifs choisis
Moi, j'aime qu'on me les serve
Le discours s'en trouve embelli

Consonnes

B, C, D, F, G, H, J, K, L, M, N, P, Q, R, S, T, V, W, X, Z

B bistrotière,

C crémaillère,

D derrière,

F fière,

G galère,

H haltère,

J jachère,

K kilo-stère,

L libère,

M mère,

N naguère,

P père,

Q quenouillère,

R rivière,

S sidère,

T tolère,

V vénère,

W wagonnière,

X Xavière,

Z zygosphère

Ecrire, pourquoi écrire

Ecrire pour décrire

Ecrire en délire

Ecrire pour rire

Coup de foudre

Au début entre nous
Le courant est passé
L'attitude que tu avais prise
M'éclairait sur notre futur

Puis un jour
Tu t'es mise à disjoncter
A Peter les plombs
Pour un oui, un non
Quel tableau !

J'ai tenté d'appuyer
Sur l'interrupteur de ton humeur
Mais tes câbles ont tous lâchés
Tu t'es mise en court-circuit
Et à aujourd'hui
Je reçois la facture
De tes lettres excitées

Maman

Nous avons traversé tant de rivières

Gravis tant de montagnes

Parfois l'âme lourde, parfois légère

Survécus à tant de drames

De conflits en engueulades

D'incompréhensions en quiproquos

Les années sont passées, une balade

Les rancœurs envolées là-haut

A l'aube d'un jour nouveau

Si des fois je ne le dis pas et même

Si je suis dur, je te le dis bien haut

Maman, je t'aime

Les couleurs de la (ma) vie

Blanc, transparence d'un hiver saisissant

Naissance pure, commencement

Jaune, rayon chaud enveloppant du firmament

Echarpe douce de vie

Vert, tapis doux aux odeurs végétales
fraichement coupées

Aurores boréales scintillantes

Bleu, ondes paraboles des côtes vermeilles

Voile des cieux

Rouge, la vie chemin amoureux

Lèvres aimantes, éclatantes

Violet, invisible et cosmique spatial et glacial

Invisible rayon

Noir, espoir fini, vide obscur

D'une fin cosmogénique.

Il pleut

Plic, plac, ploc
Aujourd'hui il pleut
Tic, tac, toc
Font les gouttes bleues

Elles grouillent, mouillent
Se font flaques
Forment de la bardouille
Gare Benjamin, clac !

Parapluie, ciré
 Glisse, glisse
Botte, capuche tirée
Sur moi, complice

Gris, gris, gris
Ciel d'hiver
Oh, eau, amie
Je t'aime par devers.

Nostalgie

Il me revient dans mes moments sombres
Les souvenirs de cette époque pas si lointaine
Où je laissais la douceur de la vie
M'envelopper de sa chaleur apaisante.

L'insouciance de mes 16 ans
Que j'ai arrachée au destin
Aidé de mes comparses de jeunesse
M'apaise de son souvenir.

Sentiments exquis de bonheur
Malgré les épreuves, les augures
Que nous partagions ensemble
Comme autant de bouées.
Merci les amis
Merci pour ces souvenirs
Merci pour ces bouées.

Retrouver le passé

Faire fi des malins

Se sentir entier

Avec ses copains

J'aime les dimanches

J'aime les dimanches
La vie ralentie
On prend le temps
De vivre chaque instant
Comme si
Comme si

J'aime les dimanches
On voit les amis, la famille,
On partage ces moments
Que l'on appelle souvenirs
Même si
Même si

J'aime les dimanches
Enfin, pour ce qu'ils sont
Parenthèses bienfaitrices
Havres exquis et salvateurs
Encore si
Encore si

La douceur des dimanches d'hiver

Bon livre au coin du feu

Niché au fond d'un fauteuil très vieux

Et rêver avec un bon verre

Nuit, mère de mes insomnies

Je te fuyais mais tu venais à moi
Dans mon lit, théâtre de mes obsessions
J'attendais les yeux écarquillés, coi
Que tu veuilles bien me libérer, félon

Mille aventures funestes
Sont passées en moi, et toi
Bourreau habile, tu ne faisais pas le geste
Qui allait me libérer, je restais là.

Puis, cette inconnue, cette trêve
Mon amie, ma bouée salvatrice
Est arrivée, a soigné mes cicatrices
Je connais ton nom, rêve.

Tout de suite, je t'ai aimé
Nous avons vécu tant d'aventures
Visité tant de pays, de contrées
Réparé tant d'injustice, de fêlures

Maintenant, j'ai hâte que tu viennes

 Car je sais le plaisir

En retrouvant celle, que j'ai fait mienne

Que j'attends et qui va venir

Le jour devient nuit

La nuit devient jour

Amie de mes crépuscules jadis maudits

Rejoins-moi au soleil de mes tourments

L'œil de Moscou

Il fouine, fouille, fougne
Agent zélé en mission incognito
007 d'opérette
Il se plie, trahit, s'est compromis

Ses comptes rendus sont circonstanciés
Précis, les noms, les faits
En échange de quelques miettes
Il vend père, mère et la soubrette

Mais un jour, au détour, à son tour
Il devient la victime d'un délateur
Dont l'instigateur a reçu les faveurs
De l'auguste mercure et de sa cour

Il pleure, jure, mais un peu tard
Comme dirait La Fontaine
Qu'on ne l'y prendrait plus
La belle affaire, le mal est fait, Silène.

Flamant Rose

Parfois fort, parfois doux

Intense ou planant où

Ne reviennent que les merveilles

Kiné de sens et nos oreilles

Faisant la une des lettrés

Le verbe unique et recherché

Où les mots comme des flèches

Y entends les sirènes qui prêchent

Dans les cieux pour les Dieux

La chambre noire

Tu n'es qu'une locataire ici

Vivant dedans et hors de ma vie

Au meilleur prix possible

Je suis assis dans le noir

Doucement, comme un vieil homme

Les pensées nouées, claquantes comme des os fragiles

En faisant trop

Essayant de chercher une réponse à tout ça

Essayant avec difficulté

De couper le silence de l'obscurité

Toutes les craintes, toutes les larmes

Que ça nous a fait

Quelques fois, il vaut mieux s'assoir

Là, dans le silence, je ne te regarde pas

Et tu ne sembles pas le remarquer

Et les raisons, toutes les raisons

Sont impossibles à voir se rejoindre

Elles s'amassent comme de la poussière sur une étagère

L'étagère de ma vie

Le nombre d'or

Magique, drôle, allégorie du couple

Je te vois dans ton évidence

Numérologue amusé

Quand je te manipule

Que je t'additionne ou te multiplie, tu te fais paire

Solitude oubliée, main dans la main

Je te soustrais, tu deviens nul

Solitude subie, d'un célibat funeste

Si j'essaie de te diviser, tu ne fais qu'un

Séparation impossible d'une fusion éternelle

Onze, farceur, je t'ai bien trouvé.

Humour

Qu'est-ce que l'humour

Sinon l'intelligence de l'âme ?

Qu'est-ce que l'humour

Sinon la politesse du désespoir ?

Il cache les tristesses

Il aide à supporter le quotidien

Parfois noir

Parfois déplacé

Quoi qu'il en soit

Sans lui la vie n'a pas de piment

Sans lui, l'ennui nous guète

Et la bienséance nous gagne

Peut-on rire de tout ?

L'humour est la politesse
Du désespoir.

Eté 1968

Je ne me souviens pas
De cet été
Les barricades étaient à bas
Moi, je commençais

Poids d'entrecôte
Taille de baigneur
En haut de la côte
J'entrais dans les cœurs

Mon avenir semblait serein
Ma vie simple, innocente
J'avais déjà un chien
Il n'était plus le centre

Aimé, désiré, je crois
Aux jours heureux
Dont je ne me rappelle pas
Mais dont je rends grâce à Dieu.

Cupidon est un farceur

Tu es entré doucement
Les rayons du soleil
Se reflétaient dans tes cheveux
Comme autant de pépiements
De queues de comètes.

Cupidon, ce farceur
M'a décoché une de ses flèches
Dont le poison mortel
Alchimie bienfaitrice
M'atteignit en plein cœur.

Tu m'as regardé de tes yeux verts
Mon âme d'un coup
S'est chamboulée
Il n'y avait plus que le vide
Où seuls toi et moi dansions

J'ai compris bien vite

Que la lutte était vaine

Et me suis rendu

Laissant le charme

De cet amour naissant emplir ce
moment.

Aphrodite dans sa bonté m'a achevé

Au banquet des Dieux m'a invité

A boire les nectars et l'ambroisie

Enivré de vie et de volupté

Depuis nous arpentons le chemin

Main dans la main

Yeux dans les yeux

Cupidon est un farceur.

Une ville la nuit

Les fenêtres jalonnent de leur lumière
Les rues seules
Comme autant de lampes de mineurs
Dans un tunnel obscur

Il y a tant d'inconnus
Derrières ces lumières bienfaitrices,
Des personnes ayant
Une raison de rentrer.

Moi, je suis prisonnier
De ces rues de désirs

Marchant au travers des halots
Cherchant un ami, une personne.

De cette solitude
Me vient le rêve
Je flâne
Mais qu'as-tu fait, mélancolie ?

Le milieu

Où est le commencement du début ?

Il y a longtemps ?

Où est la fin du futur ?

Encore loin ?

Nous ne sommes que les personnages

D'un livre, auteurs de nos vies

Perdus quelque part

Entre le début et la fin.

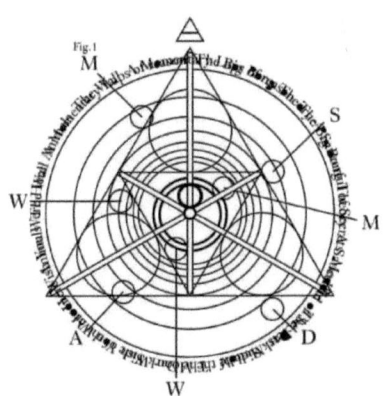

Si

Si seulement la fin des jours anciens

Les regrets et les remords en moins

Si dans les rêves des nuits longues

Passaient les obscures, les sombres

Si des années et des soirées

Sortaient la mémoire et les idées

Si comme le vent du nord

Les feuilles mortes s'envolaient

Alors arriveraient les jours sublimes

Et les nuits opalines

Ô Canada

Ô Canada, arrivé sous un soleil ardant
Des chaleurs écrasantes de juillet
Foule ton sol déjà brulant
De l'après-midi d'un début d'été

A la retrouvaille de l'ami rencontré
Des jeunesses et amitiés géantes
Vers les découvertes des immensités
Et les cultures descendantes

L'hiver bientôt montre son nez
Tout est calme et blanc
Endormi serein et glacé
Reviennent les hivers d'antan

Que de beauté sous les yeux
Emerveillé des grandeurs
Les rêves partagés aux envieux
Ô Canada, te revoir quel ardeur !

Je t'ai choisi mélancolie

Dans le spleen d'un hiver anglais
Camouflé d'un pub perdu
La saveur d'un thé Earl Grey
Me réchauffe d'un amour déçu

Le vent dans les branches du jasmin
Bruissent le silence de la nature
Engourdie et aux reflets sereins
Je t'ai choisi mélancolie

Trois hommes dans un coin s'agacent
S'échinent aux darts
Le verbe haut, la pinte basse
Ils jouent, braillards

Et moi, à ma table, là, restant
Thé en main et regard lointain, comme assoupi
Je profite de cet instant
Oui, je t'ai choisi, mélancolie

Se laisser aller au spleen
Complice des lenteurs exquises
Ne pas vouloir plus qu'hémine
N'aimer la vie que promise

Les grands-pères

Pépère, pépé, papi
Que de petits noms gentils
Il y a de la tendresse
Ils sentent bon les câlins et les caresses

Vieux, ancien, vioc
Rafistolé de bric et de broc
Plein d'amour à revendre
Bébé saute sur son ventre

Nounou, prof, amuseur publique
Tous les habits font le moine comique
Un couteau, une cravate
Ces objets transmis à la hâte

Les jours heureux s'enlacent
Les années passent
Puis un jour, humour noir, blague griève
Il finit dans tes rêves

Le joueur de flûte est revenu

Le joueur de flûte est revenu
Je l'ai vu, je l'ai entendu
De sa musique de sirène
Il séduit, il nous emmène

Le joueur de flûte est revenu
Écoutez-le, entendez son ut
Hypnotisés, marchez, marchez
Laissez-vous flatter

Le joueur de flûte est revenu
Suivez-le, dans son désir imbu
Les falaises abruptes approchent
Avancez, les mains dans les poches

Le joueur de flûte est revenu.

Il est des endroits

Il est des endroits dont on se souvient
Comme une madeleine de Proust
Le mien est au milieu des bois
Entouré de sars, chemins et sapins

Il est des endroits où les séjours
Vous réchauffent l'âme et le cœur
Résurgence d'enfance, d'adolescence
Mémoire des années passées

Il est des endroits qui ne changent pas
Figés dans les jours heureux
On y retrouve ceux que l'on aime
On s'y ressource, on y revit

Lignum

Assis sur le banc d'un parc désert

Je regarde les ombres dansantes

Projections sombres qui se dandinent

Dont l'artiste a pris soin

D'étaler comme un tapis animé.

Je lève les yeux, pensif

Et je les découvre, forts, puissants

Ils s'élancent vers le ciel

En un chemin sinueux et choisi

D'un port majestueux et fier.

Au travers, j'aperçois les lumières d'or

D'un soleil d'hiver rasant

Dont le rayon aveuglant m'envahit,

Et je devine sur les rameaux, l'avenir

D'un grand manteau émeraude.

Sa force me pénètre

Je ressens ses bienfaits

Au fond de mon âme trouble

A cet instant, en totale communion,

Je suis bien.

Un jour

Un jour tu viendras me voir
Drapé de ton long manteau d'ébène
Tu me diras « il est temps, c'est le soir
Prépare-toi, il faut que tu viennes »

Non, pas encore, il est trop tôt
J'ai encore des choses à vivre
Des mondes à explorer, avant là-haut
Faire des voyages, en eau vive ?

Mais tu seras là, au coin du bois
Fidèle au rendez-vous, la lumière pour amie
Pas de peur, deux regrets ou trois
Au bout du tunnel, je suis prêt, je te suis

Vin, Ô vin breuvage des Dieux

Enivre-nous de ton nectar merveilleux

Ravive la nostalgie partagée

Des moments heureux et passés

Merci Bacchus

Petits fruits des coteaux

Choisis avec soin et passion

Par quelques elfes aux gestes précis

Et aux souplesses dorsales

Chemin, cheminent, coupent, coupent

Emportent dans leur dos l'origine

Du précieux breuvage à venir

En une chorégraphie bien huilée

L'artiste inspiré prend alors ses
attributs

Et compose sa toile olfactive et goutue

Comme autant de couleurs choisies

Sur une palette large et fournie

Satisfait le maitre donne ses ordres

L'élixir va prendre ses quartiers

Dans sa résidence boisée

Où un repos salvateur l'attend

Puis un jour, reposé et serein

Salvatrice hibernation en maison de verre

Offrande des chalands

Adoption d'un bonheur à venir

Attendant le moment libérateur

Où quelques amateurs éclairés

Ouvre le nectar convoité

Convivialité, amitié, merci Bacchus

Neige

Volent, virevoltent les flocons

Dessinent descendent doucement

Des cieux blancs

Pour former un tapis de coton

Volent, virevoltent les flocons

Lentement sans tampine

Recouvrent les flonflons

Des musiques citadines

Volent, virevoltent les flocons

Quand sur la peau, tout doux

Froid, petit frisson

Quand caressent le cou

Volent, virevoltent les flocons

C'est l'hiver tout endormi

Campagne dort dans les cantons

Plus rien ne bouge dans les prairies

Si on attend des autres

On n'est jamais mieux servi que par soi-même
dit l'adage

Que c'est bien pensé, que c'est sage

Ne pas demander plus qu'ils ne peuvent
donner

Ne pas prévoir, ne pas vouloir, ne pas espérer

Si on attend des autres

Si on attend des autres

Charité bien ordonnée commence par soi-
même dit le dicton

Que c'est bien enseigné, que ce n'est pas con

Donner sans attendre de retour, de
reconnaissance

Ne pas s'oublier et se donner à sa convenance

Si on attend des autres

Si on attend des autres

Aide-toi toi-même et le ciel t'aidera dit la maxime

Quel que soit le projet, attendre les cimes

Toucher le ciel ou descendre les torrents

Qu'il soit petit ou bien grand

Si on attend des autres

Si on attend des autres

Souhaits n'aident guère dit le précepte

Je l'appelle de mes vœux, je l'entends, je l'accepte

Moi qui ai tant voulu, tant espéré

Aujourd'hui serein, je fais

Si on attend des autres

Si on attend des autres

Les étranges de la vie

Dans les étranges de la vie
Que le destin nous envoie
Il est un augure parfois
Qui nous salue ou nous nuit

Je le vois, je l'accueille
En fait mon ami
Des démons bannis
En fait mon deuil

Ruines d'une existence trouble
Demeure l'expérience apaisante
A l'aurore qu'un matin enfante
Un renouveau double

Fier de ce chemin périlleux
Arpenté de cassandres muettes
Les erreurs et les squelettes
De ces jours précieux

Milles fois voulus

Des chants mélodieux

Les appels des sirènes des cieux

Sont entrés dans mon cœur corrompu

De cet Hercule j'ai su me défaire

Combat âpre et sans merci

Champs retournés et rougis

La bataille fut dure et amère

Au panthéon des malheurs

Sont rentrés les guerriers

La victoire est hissée

C'est le temps du bonheur

Gare aux avions

Je suis arrivé à l'aéroport sans crier gare,
Les avions s'envolaient à un train d'enfer.
Je regarde ces oiseaux de fer
Prêts pour leur voyage aérien,
Et je raille les wagons de voyageurs
S'engouffrant dans autant de tunnels
Sans trouver leur voie.

Les agents, travailleurs locaux,
Motivent cette horde, leur montrent
Le chemin, de faire attention aux instructions
D'une épopée moderne
Toujours gratifiante, valorisante.

Je suis là, las, au milieu de ce tumulte,
Versant mes larmes de crocodile,
N'appartenant pas à ce monde qui chemine,
Haut et loin.

Design : Pauline Bouillevart

Illustrations : Claire et Pauline Bouillevart